CONTENTS

# 목차

## 갓스토리 구성

**• 학생용 공과**

낮은 수준부터 6컷의 만화와 높은 수준까지의 질문과 활동이 담겨져 있는 공과책.

**• 교사용 가이드**

학생용 공과의 질문에 대한 답변과 시대적 배경 설명, 활동자료 사용법에 대해 설명. (한장연몰 다운로드)

**• 색칠하기**

각 과의 인물을 출력하며 색칠 할 수 있도록 만든 컨텐츠. (한장연몰 다운로드)

**• 스토리북**

13가지의 이야기를 담아낸 그림책으로 기초적인 질문을 통해 학습.

**• 플래시애니메이션**

13과의 만화를 실감나는 영상으로 감상.
(한장연몰 다운로드)

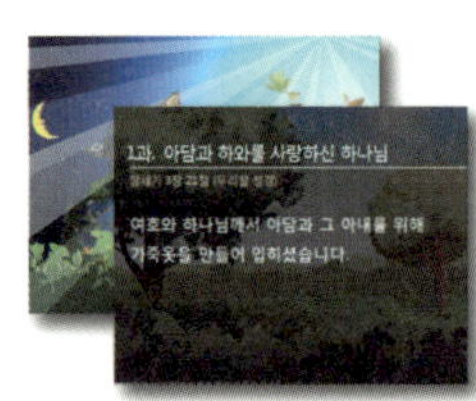

**• 설교 PPT**

도입, 스토리, 퀴즈, 적용으로 구성되어 체계적으로 설교를 이끌어 냄.
(한장연몰 다운로드)

## 갓스토리 사용하기

**영 • 유아 (3세~5세)**

① 색칠하기

**유치 • 유년 (5세~7세)**

① 플래시애니메이션

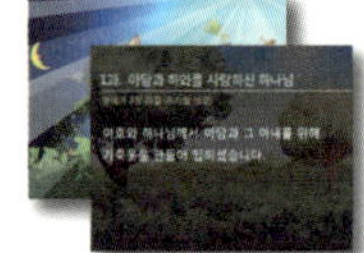

② 설교PPT

③ 스토리북

**초등 (7세~13세)**

① 플래시애니메이션

② 설교PPT

③ 학생용 공과

* 가능한 수준까지 문제풀기

# 갓스토리 활용가이드

## • 본문말씀 / 6컷 만화

성경 이야기를 올바르게 이해하기 위해 성경을 찾아 천천히 읽습니다. 공과의 내용을 뚜렷하게 알려주는 중심구절도 반복해서 읽고 묵상하도록 합니다. 본문 말씀의 핵심이 되는 6컷 만화는 역할을 맡아 읽거나 플래시 애니메이션을 보면 더욱 재미있게 읽을 수 있습니다. 만화 속에서는 말씀 다지기의 답(빨간 글씨)도 찾을 수 있도록 표시되어 있습니다.

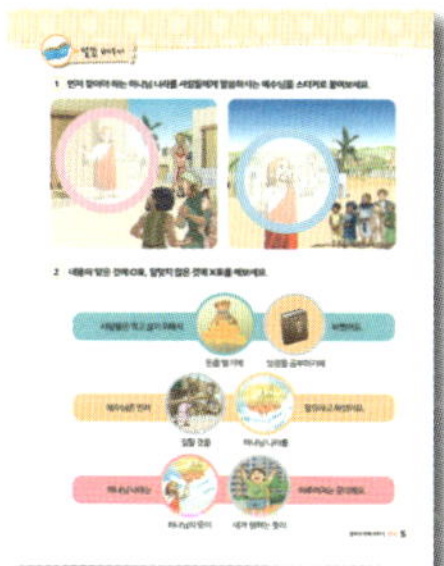

## • 말씀배우기

읽고 쓰기가 어려운 학생들을 위한 질문입니다. 스티커 붙이기, 알맞은 것에 O표, 틀린 것에 X표 하기, 맞는것 찾아 연결하기, 따라쓰기의 질문으로 구성되어 있어 성경말씀에 쉽게 접근할 수 있습니다. 질문은 수준별로 나뉘어 있어 학생 수준에 따라 학생이 풀 수 있는 질문까지 풀도록 합니다.

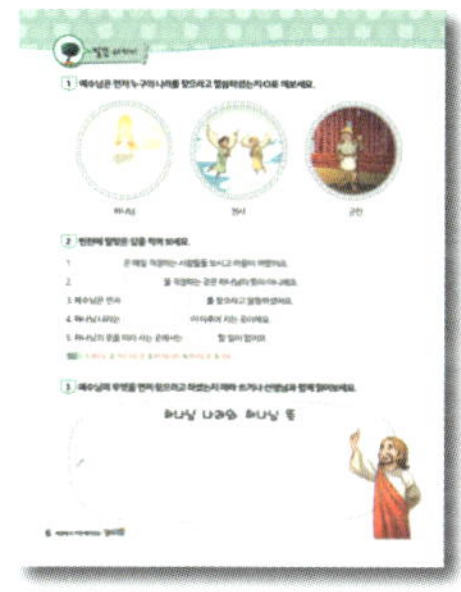

## • 말씀다지기

읽고 쓰기가 가능한 학생들을 위한 질문입니다. 질문을 읽고 알맞은 답에 O표 하기, 빈칸에 답적기, 장문쓰기로 구성되어 있어 심화된 수준으로 성경말씀에 접근할 수 있습니다. 질문은 수준별로 나뉘어 있어 학생 수준에 따라 풀 수 있는 질문까지 풀도록 하되, 학생의 특성과 능력에 따라 정답을 보고 따라 적거나 말하는 방법으로 풀이방법을 대체하여 학생이 더욱 적극적으로 참여하도록 합니다.

## • 활동하기 / 특별활동

틀린 그림 찾기, 색칠하기, 오리고 붙이고 만들기 등 다양한 활동들로 핵심 내용을 학습하도록 구성하였으며, 학생들의 수준에 따라 활동의 난이도를 교사가 조절하여 학습능력을 최대로 이끌어 줄 수 있도록 구성하였습니다. 또한 4과, 9과, 13과에는 특별활동으로 해당 과의 중심된 내용으로 구성하여 학생들이 핵심 단어나 내용을 마음으로 이해할 수 있도록 오감을 자극하는 만들기로 구성하였습니다.

## • 말씀따르기 / 기도하기

학습한 내용을 일상생활에 적용하도록 학생과 약속하는 시간입니다. 말씀 따르기가 예배시간 외의 시간과 장소에서도 이루어질 수 있도록 함께 다짐하고 점검하도록 합니다. 그리고 생활에 적용을 위해 그 날에 배운 공과를 기억하고 하나님 말씀대로 살 수 있도록 기도문을 함께 읽고 기도하며 공과를 마칩니다. 마무리와 함께 학생을 향한 교사의 격려와 응원을 덧붙인다면 최고의 공과가 될 것입니다.

# 1과 먼저 찾아야 하는 하나님 나라

소 주 제 : 천국과 하나님의 뜻
본문말씀 : 마태복음 6장 33절 (전체 : 마태복음 6장 25-34절)
중심구절 : 오직 너희는 먼저 그 나라와 그 의를 구하라. 그러면 이 모든 것도 너희에게 더해 주실 것이다.

**단어 풀이** 의 사람이 마땅히 행해야 할 올바른 일 / 하나님 나라(천국) 하나님이 다스리는 복된 나라

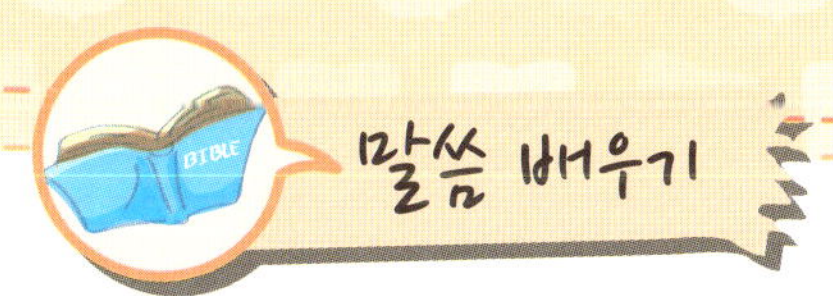


1 먼저 찾아야 하는 하나님 나라를 사람들에게 말씀하시는 예수님을 스티커로 붙여보세요.

2 내용이 맞은 것에 O표, 알맞지 않은 것에 X표를 해보세요.

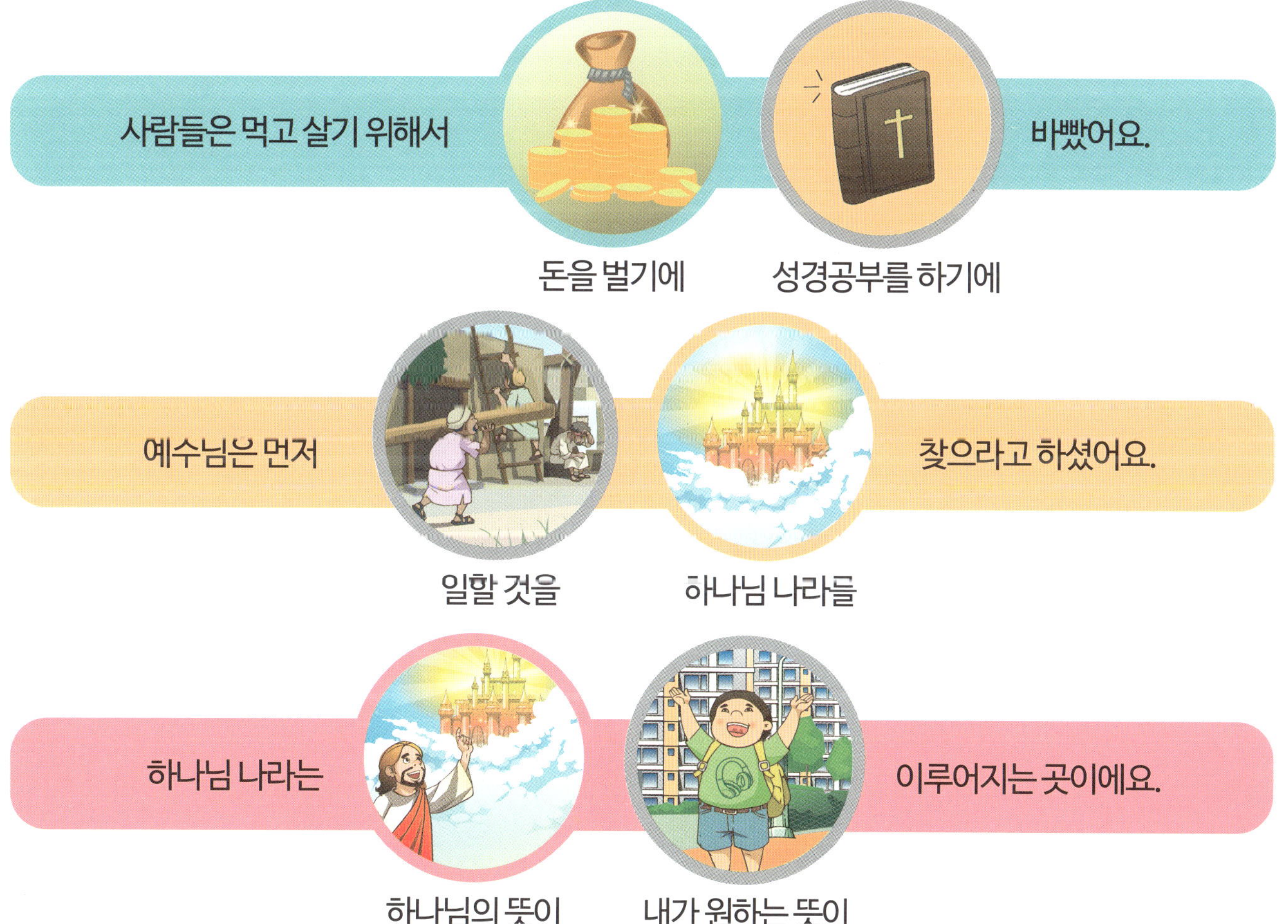

## 1 예수님은 먼저 누구의 나라를 찾으라고 말씀하셨는지 O표 해보세요.

하나님

천사

군인

## 2 빈칸에 알맞은 답을 적어 보세요.

1. □□□은 매일 걱정하는 사람들을 보시고 마음이 아팠어요.
2. □□ □□ □을 걱정하는 것은 하나님의 뜻이 아니에요.
3. 예수님은 먼저 □□□ □□를 찾으라고 말씀하셨어요.
4. 하나님 나라는 □□□ □이 이루어 지는 곳이에요.
5. 하나님의 뜻을 따라 사는 곳에서는 □□할 일이 없어요.

정답 1. 예수님 2. 먹고 사는 것 3. 하나님 나라 4. 하나님 뜻 5. 걱정

## 3 예수님이 무엇을 먼저 찾으라고 하셨는지 따라 쓰거나 선생님과 함께 읽어보세요.

하나님 나라와 하나님 뜻

1 먼저 하나님 나라를 찾으라고 말씀하시는 예수님을 색칠해보세요.

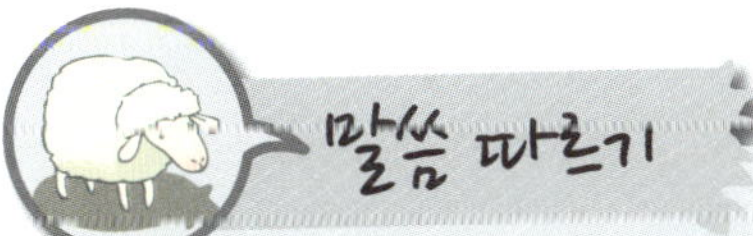


1. 하나님 나라는 어떤 곳인지 선생님과 함께 이야기해 보세요.
2. 걱정하지 않으려면 어떻게 해야 할지를 서로 이야기해 보세요.

하나님 아버지, 하나님 말씀에 따라 살면서 염려와 걱정이 없게 해주세요. 예수님의 이름으로 기도드립니다. 아멘.

# 씨 뿌리는 비유

**소 주 제 :** 천국과 깨달음
**본문말씀 :** 마태복음 13장 23절 (전체 : 마태복음 13장 3-23절)
**중심구절 :** 그러나 좋은 땅에 떨어진 씨는 말씀을 듣고 깨닫는 사람이다. 이 사람은 열매를 맺어 100배, 60배, 30배 결실을 낸다.

❸ 그런데 길가에 떨어진 씨는 새들이 모두 쪼아 먹고, 돌밭에 떨어진 씨는 뿌리가 없어 말라 죽었어요. 그리고 가시덤불에 떨어진 씨는 싹이 자라지 못했어요. 그러나 좋은 땅에 떨어진 씨는 건강하게 자라서 많은 열매를 맺었어요.

악! 살려주세요!

돌 때문에 나 죽네...

가시덤불 때문에 자랄 수가 없네...

땅이 좋으니 나는 열매를 많이 맺을 수 있어 좋구나!

**단어 풀이** **비유** 어떤 것을 그와 비슷한 것에 빗대어 표현하는 것 / **결실** 열매를 맺는 것 / **깨닫다** 이해하고 참뜻을 환하게 알게 되다

1 좋은 땅에 떨어져 열매 맺은 씨와 그것을 설명하시는 예수님을 스티커로 붙여보세요.

2 내용이 맞은 것에 O표, 알맞지 않은 것에 X표를 해보세요.

길 가에 떨어진 씨는

새들이 쪼아 먹었어요.

고양이가 모두 먹었어요.

가시덤불에 떨어진 씨는

꽃을 피웠어요.

싹이 자라지 못했어요.

좋은 땅에 떨어진 씨는

건강하게 열매를 맺었어요.

시들어 죽었어요.

## 1 예수님은 누가 씨 뿌리는 이야기를 비유로 들려주셨는지 O표 해보세요.

의사 군인 농부

## 2 빈칸에 알맞은 답을 적어 보세요.

1. 한 농부가 밭에 나가서 [ ]를 뿌렸어요.
2. [ ][ ] [ ]에 떨어진 씨는 많은 열매를 맺어요.
3. 세상의 걱정과 돈에 대한 [ ][ ]을 가지면 안 돼요.
4. [ ][ ] [ ][ ]을 깨닫고 순종하며 사는 사람은 좋은 땅에 뿌려진 씨와 같아요.
5. [ ][ ]하는 사람은 하나님이 기뻐하시는 좋은 일들을 많이 하게 되요.

정답 1. 씨 2. 좋은 땅 3. 욕심 4. 천국 말씀 5. 순종

## 3 아래의 말을 따라 쓰거나 선생님과 함께 읽어보세요.

천국 말씀대로 순종하는 사람이 되어요.

1 이야기가 이어지도록 서로 맞는 내용의 그림을 찾아 연결해 보세요.

가시덤불에 떨어진 씨는

길가에 떨어진 씨는

좋은 땅에 떨어진 씨는

돌밭에 떨어진 씨는

건강히게 지리시
많은 열매를 맺었어요.

씩이 자라지 못했어요.

뿌리가 없어
말라 죽었어요.

새들이 모두
쪼아 먹었어요.

1. '좋은 땅에 뿌려진 씨'란 어떤 사람을 말하는지 선생님과 함께 이야기해 보세요.
2. 하나님 나라에 가려면 어떻게 해야 하는지를 함께 생각해 보세요.

하나님 아버지, 천국 말씀을 깨닫고 순종할 수 있도록 도와주세요. 예수님의 이름으로 기도드립니다. 아멘.

# 3과 좋은 씨와 가라지

소 주 제 : 천국과 하나님 자녀
본문말씀 : 마태복음 13장 38절 (전체 : 마태복음 13장 24-30절, 36-43절)
중심구절 : 밭은 세상이고 좋은 씨는 하늘나라의 자녀들을 뜻한다. 가라지는 악한 자의 아들들이고

**단어 풀이**
가라지 껍질만 있고 속에 알맹이가 없는 곡식이나 열매 / 추수 가을에 잘 익은 곡식을 거두어들이는 것
곳간 곡식과 같은 식량이나 물건 등을 잘 보관하는 곳

1 주인이 말한 추수 때의 곡식과 가라지의 모습을 스티커로 붙여보세요.

2 예수님이 말씀하시는 좋은 씨의 모습을 찾아 맞는 것에 선을 연결해보세요.

좋은 씨는

악한 자의 자녀들이다.

하나님 나라의 자녀들이다

**1** 예수님은 무엇을 설명하시려고 '좋은 씨와 가라지' 비유를 말씀하셨는지 O표 해보세요.

하나님 나라 　 학교 　 마굿간

**2** 빈칸에 알맞은 답을 적어 보세요.

1. ☐☐☐ ☐☐ 는 어떤 사람이 자기 밭에 좋은 씨를 뿌린 것과 같아요.
2. 곡식이 자라서 열매를 맺을 때 ☐☐☐ 도 함께 자랐어요.
3. 주인은 가라지는 불에 태우고 ☐☐ 은 잘 거두어 곳간에 넣겠다고 했어요.
4. 좋은 씨는 ☐☐☐ ☐☐ 를 말해요.
5. 말씀에 ☐☐ 하는 사람은 하나님 나라에 들어가게 되어요.

정답 1. 하나님 나라 2. 가라지 3. 곡식 4. 하나님 자녀 5. 순종

**3** 주인이 종들에게 했던 말을 따라 쓰거나 선생님과 함께 읽어보세요.

가라지는 모두 불에 태우고,
곡식은 내 곳간에 잘 넣어 둘 것이다.

1 1,2,3 숫자의 줄을 따라가서 예수님이 말씀하신 내용이 맞으면 ○표 틀리면 X표를 해보세요.

예수님은

곡식과 같은 하나님의 자녀들이 하나님 나라에 들어간다고하셨어요.

하나님 나라 자녀들은 불구덩이에 던져질 것이라고하셨어요.

하나님 나라가 어떤 사람이 자기 밭에 좋은 씨를 뿌린 것과 같다고 말씀하셨어요.

## 말씀 따르기

1. '곡식과 가라지'는 각각 누구를 나타내는 말인지 선생님과 함께 이야기해 보세요.
2. '하나님의 자녀'와 '마귀의 자녀'는 서로 어떻게 다른지 함께 생각해 보세요.

## 기도하기

하나님 아버지, 하나님 말씀에 순종하여 하나님 나라의 왕이신 예수님을 본받게 해주세요. 예수님의 이름으로 기도드립니다. 아멘.

# 4과 좋은 열매와 나쁜 열매

소 주 제 : 천국과 행동
본문말씀 : 마태복음 7장 21절 (전체 : 마태복음 7장 15-27절)
중심구절 : 내게 '주님, 주님' 하는 사람이라고 다 하늘나라에 들어가는 것이 아니다. 하늘에 계신 내 아버지의 뜻대로 행하는 사람이라야 하늘나라에 들어갈 것이다.

❷ 예수님은 좋은 나무는 좋은 열매를 맺고 나쁜 나무는 나쁜 열매를 맺는다고 말씀하셨어요. 거짓 선지자들은 마치 나쁜 열매를 맺는 나무처럼 나쁜 행동을 한다는 것이에요.

아... 거짓 선지자는 벌을 받겠구나...

좋은 열매를 맺지 못하는 나무는 잘려서 불에 태워질 것이다.

**단어 풀이** 소문 여러 사람이 서로에게 말로 전하며 떠도는 소식 / 순종 윗사람의 말씀에 순순히 따르는 것 / 실천 생각한 어떤 일을 행동으로 나타내는 것

## <활동하기!> 좋은 열매

점선을 따라 살짝 접은 후 잡아당겨 주세요. ······ 안으로 접는 선 —·— 바깥으로 접는 선 ---- 자르는 선

〈 만드는 과정 〉

1. 책에서 활동지를 분리하고 그림을 모양대로 모두 오려줍니다.

2. 자르는 선을 따라 오리기 시작하여 나무의 모양대로 윗부분을 오려주세요.

3. 자른 부분인 나무 몸통부분을 둥굴게 말아 붙여서 기둥을 만들어 세워줍니다.

4. 오려놓은 열매모양에 어떤 열매를 맺어야 하는지를 설명해 주고 함께 적어봅니다.

5. 세워놓은 나무에 열매를 붙여 완성합니다.

* 그림을 하나씩 붙이면서 배웠던 말씀을 이야기 형식으로 반복하여 복습합니다.

1 순종하는 사람들이 들어가는 하나님 나라를 스티커로 붙여보세요.

2 빈칸에 알맞은 답을 적어 보세요.

1. 예수님은 □□ 선지자들을 조심하라고 말씀하셨어요.
2. 거짓 선지자들은 나쁜 열매를 맺는 나무처럼 □□ □□을 해요.
3. 좋은 열매란 □□□ □□대로 착하게 행동하는 것을 말해요.
4. □□ □□□ 행동하면 하나님 나라에 못 들어가요.
5. 하나님 나라는 예수님의 말씀에 □□하는 사람들이 들어갈 수 있어요.

정답 1. 거짓 2. 나쁜 행동 3. 하나님 말씀 4. 자기 멋대로 5. 순종

1. '좋은 열매'와 '나쁜 열매'란 무엇을 뜻하는지 선생님과 함께 이야기해 보세요.
2. 자기 멋대로 행동하면 왜 안 되는지를 함께 생각해 보세요.

하나님 아버지, 좋은 열매를 맺는 좋은 나무처럼 저도 하나님 말씀에 순종하여 착한 행동을 하는 하나님의 자녀가 되게 해주세요. 예수님의 이름으로 기도드립니다. 아멘.

# 5과 밭에 숨겨진 보물

소 주 제 : 천국과 감격
본문말씀 : 마태복음 13장 44절 (전체 : 마태복음 13장 44-46절)
중심구절 : 하늘나라는 밭에 숨겨진 보물과 같다. 어떤 사람이 그것을 발견하고는 감추어 두고 기뻐하며 돌아가 모든 재산을 팔아서 그 밭을 산다.

**단어 풀이** 쟁기 논이나 밭을 가는 농사기구 / 재산 자기가 가지고 있는 모든 돈이나 물건 등 / 최선 가장 좋고 훌륭한 것

1 보물이 묻혀있는 밭을 사고 기뻐하는 농부의 모습을 스티커로 붙여보세요.

2 빈 칸에 글을 따라 쓰고 큰 소리로 읽어보세요.

하나님 나라는

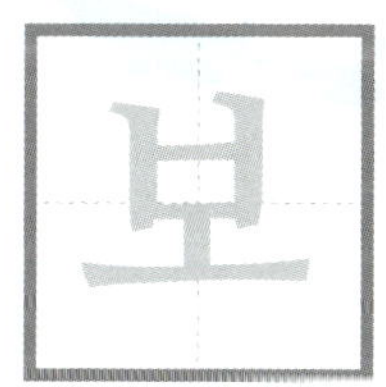

밭에 숨겨진 보물처럼

매우 귀하고

좋은 곳이에요.

## 1 예수님은 하나님 나라가 마치 밭에 감춘 무엇과 같다고 말씀하셨는지 O표 해보세요.

곡식, 쌀 보물 씨앗

## 2 빈칸에 알맞은 답을 적어 보세요.

1. 예수님은 ☐☐☐ ☐☐는 밭에 감춘 보물과 같다고 하셨어요.
2. ☐☐을 발견한 농부가 그 땅을 사려고 가진 것을 모두 팔았어요.
3. ☐☐는 가진 모든 것을 팔았지만, 밭과 매우 귀한 보물을 갖게 되었어요.
4. 하나님 나라는 밭에 감춘 보물처럼 매우 귀하고 ☐☐ ☐이에요.
5. 하나님 나라를 발견한 사람은 하나님 나라를 귀하게 생각하고 ☐☐을 다해요.

정답 1. 하나님 나라 2. 보물 3. 농부 4. 좋은 곳 5. 최선

## 3 아래의 말을 따라 쓰거나 선생님과 함께 읽어보세요.

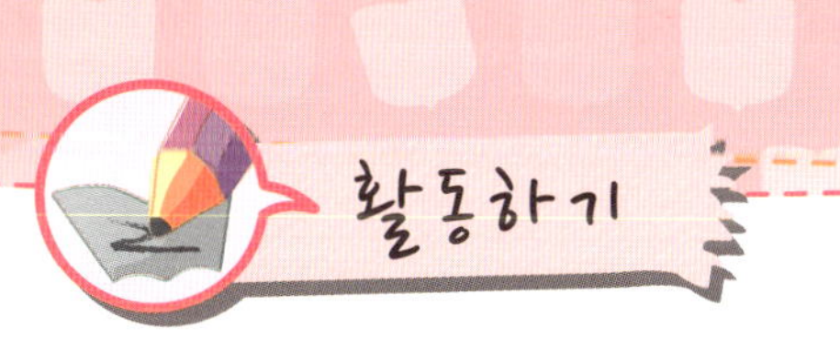

## 활동하기

**1** 위의 그림과 다른 것 5가지를 아래 그림에서 찾아서 ○표 해보세요.

### 말씀 따르기

1. 나에게 가장 귀하고 소중한 보물은 무엇인지를 선생님과 함께 이야기해 보세요.
2. 하나님 나라가 왜 가장 귀하고 소중한 곳인지를 함께 생각해 보세요.

### 기도하기

하나님 아버지, 저도 예수님을 따라서 꼭 하나님 나라에 들어갈 수 있게 해주세요. 예수님의 이름으로 기도드립니다. 아멘.

# 6과 하나님 나라의 열쇠

소 주 제 : 천국과 교회
본문말씀 : 마태복음 16장 19절 (전체 : 마태복음 16장 13-19절)
중심구절 : "내가 네게 하늘나라의 열쇠를 줄 것이다. 무엇이든 네가 땅에서 매면 하늘에서도 매일 것이요, 네가 땅에서 풀면 하늘에서도 풀릴 것이다."

**단어 풀이** 반석 어떤 것을 튼튼하게 받쳐주는 넓고 큰 바위

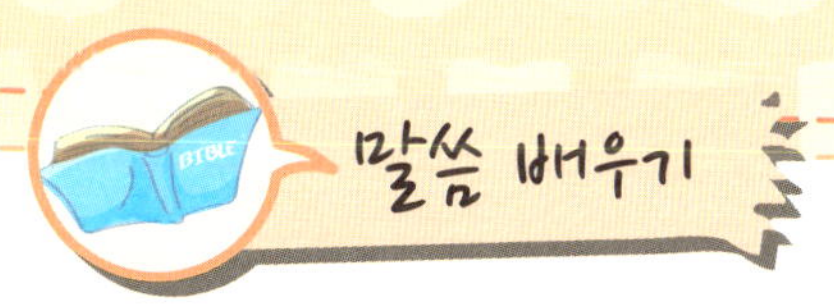


1 하나님 나라에 대해 이야기 하는 예수님과 베드로를 스티커로 붙여보세요.

2 내용이 맞은 것에 O표, 알맞지 않은 것에 X표를 해보세요.

## 1 예수님은 베드로에게 하늘나라의 무엇을 주시겠다고 말씀하셨는지 O표 해보세요.

건물, 아파트 | 많은 보물 | 열쇠

## 2 빈칸에 알맞은 답을 적어 보세요.

1. ☐☐☐ 은 자신이 누구라고 생각하는지 제자들에게 물으셨어요.
2. 시몬 베드로는 '주님은 ☐☐☐☐ 시며 살아계신 하나님의 아들'이라고 대답했어요.
3. 예수님은 시몬 ☐☐☐ 의 대답을 듣고 매우 기뻐하셨어요.
4. 예수님은 시몬 베드로에게 하나님 나라의 ☐☐ 를 주겠다고 말씀하셨어요.
5. 예수님은 ☐☐ 를 통해 하나님 나라가 어떤 곳인지를 알려주세요.

정답 1. 예수님 2. 그리스도 3. 베드로 4. 열쇠 5. 교회

## 3 예수님이 제자들에게 하셨던 말씀을 따라 쓰거나 선생님과 함께 읽어보세요.

내가 이 반석 위에 내 교회를 세울 것이다.

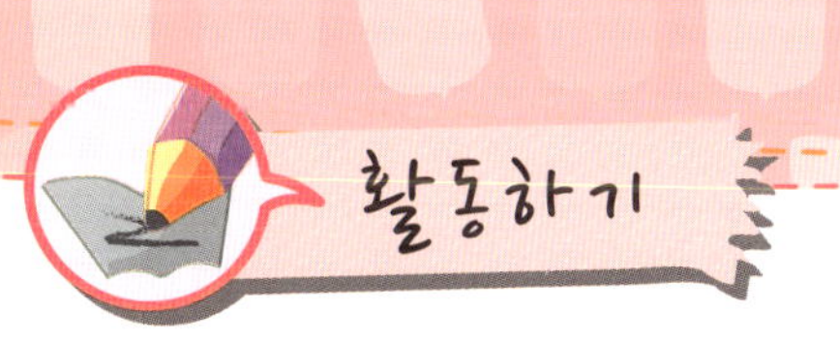


1 예수님이 시몬 베드로에게 주겠다고 말씀하신 하나님 나라의 열쇠를 색종이로 찢어 붙여보세요.

1. 예수님은 누구이신지를 선생님과 함께 이야기해 보세요.
2. 왜 교회를 다녀야 하는지를 함께 생각해 보세요.

하나님 아버지, 교회를 통해 하나님 나라를 알게 해주세요. 예수님의 이름으로 기도드립니다. 아멘.

# 7과 결혼 잔치와 하나님 나라

소 주 제 : 천국과 선택받은 자
본문말씀 : 마태복음 22장 14절 (전체 : 마태복음 22장 1-14절)
중심구절 : 이와 같이 초대받은 사람은 많지만 선택받은 사람은 적다.

**단어 풀이** 예복 특별히 예절을 갖춰야 할 때 입어야 하는 옷 / 의미 어떤 말이나 글 또는 행동 등이 나타내는 내용

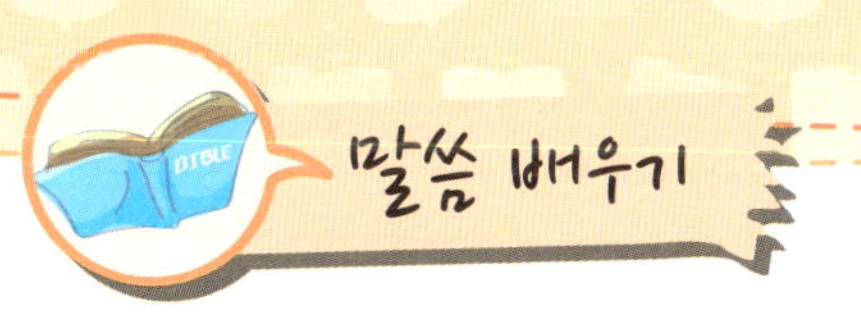

## 말씀 배우기

1 명령하는 왕과 예복을 입지 않아서 쫓겨나는 사람을 스티커로 붙여보세요.

2 빈 칸에 글을 따라 쓰고 큰 소리로 읽어보세요.

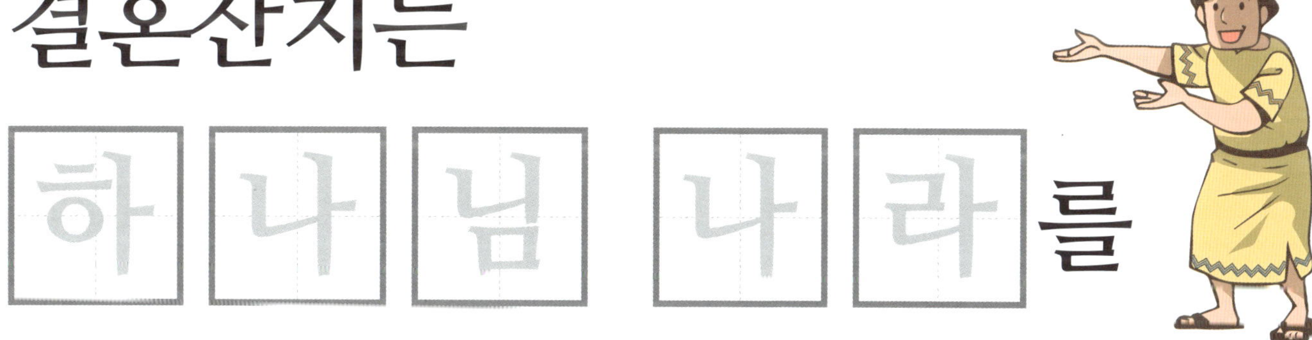

결혼잔치는

하 나 님 나 라 를

의미하고 예복을 입는 다는 것은

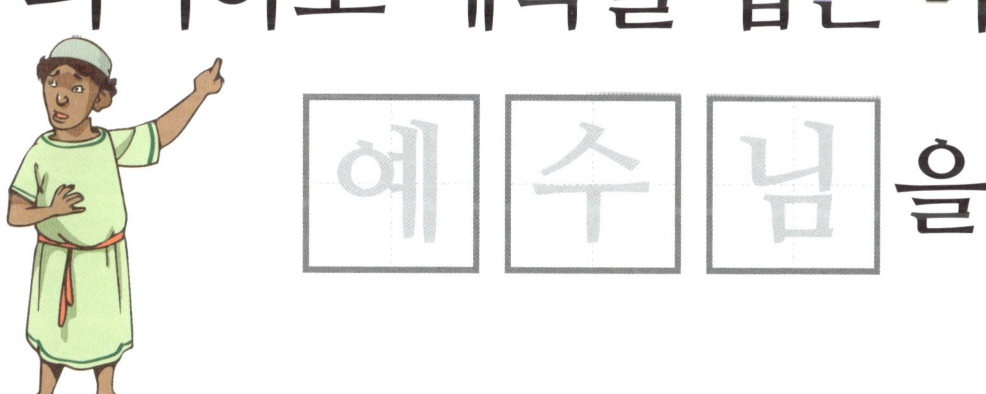

예 수 님 을 닮는 것.

1 하나님 나라는 누구를 닮아야 들어갈 수 있는지 O표 해보세요.

돈 많은 부자

똑똑한 사람

예수님

2 빈칸에 알맞은 답을 적어 보세요.

1. 어떤 왕이 초대한 손님들을 ☐☐ ☐☐에 불렀으나 그들은 오지 않았어요.
2. 왕의 신하들은 ☐☐에 나가서 사람들을 불러 결혼 잔치에 데리고 왔어요.
3. ☐☐을 입지 않고 결혼 잔치에 온 사람은 어두운 곳으로 쫓겨났어요.
4. 결혼 잔치는 하나님 나라를 말하고 예복을 입는 것은 ☐☐☐을 닮는 것을 말해요.
5. 예수님을 닮지 않으면 ☐☐☐ ☐☐에 들어갈 수 없어요.

정답 1. 결혼 잔치 2. 거리 3. 예복 4. 예수님 5. 하나님 나라

3 아래의 말을 따라 쓰거나 선생님과 함께 읽어보세요.

하나님 나라는 결혼 잔치와 같이 좋은 곳!

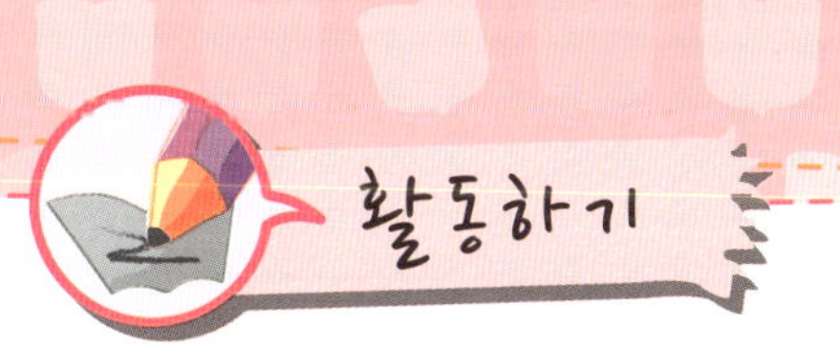

## 활동하기

1 **왕의 명령을 듣고 거리에 나가 손님들을 잔치에 부르는 신하들을 색칠해보세요.**

### 말씀 따르기

1. '결혼 잔치'에 가면 어떠한지를 선생님과 함께 이야기해 보세요.
2. 결혼 잔치처럼 행복한 하나님 나라에 가려면 누구를 닮아야 할지를 함께 생각해 보세요.

### 기도하기

하나님 아버지, 결혼 잔치처럼 기쁨과 행복이 넘치는 하나님 나라에 들어갈 수 있도록 예수님을 본받겠습니다. 예수님의 이름으로 기도드립니다. 아멘.

# 8과 하나님 나라에서 위대한 사람

소 주 제 : 천국과 자기 낮춤
본문말씀 : 마태복음 18장 4절 (전체 : 마태복음 18장 1-4절)
중심구절 : 그러므로 누구든지 이 어린아이와 같이 자신을 낮추는 사람이 하늘나라에서 가장 큰 사람이다.

**단어 풀이**
**의지** 어떤 일을 이루고자 하는 열심있는 마음 / **위대하다** 흠잡을 데 없이 뛰어나고 매우 좋다.
**낮추다** 자기를 내세우지 않고 다른 사람에게 겸손한 말과 행동을 나타내는 것

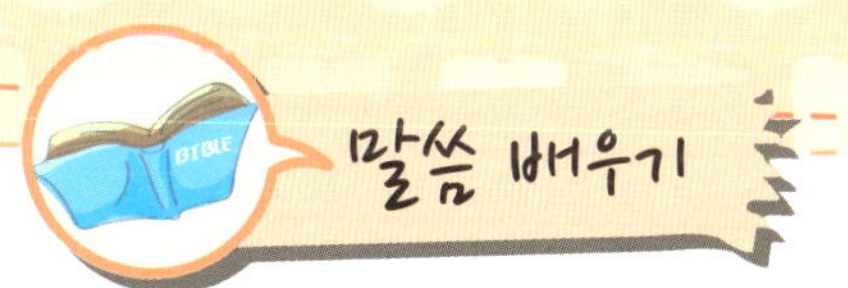


1 어린아이를 바라보시며 온화한 미소와 함께 말씀하시는 예수님을 스티커로 붙여보세요.

2 내용이 맞은 것에 O표, 알맞지 않은 것에 X표를 해보세요.

**1 누구와 같이 자기를 낮추는 사람이 하나님 나라에서 가장 위대한지 맞는 것에 O표 해보세요.**

거짓말쟁이 어린아이 도둑

**2 빈칸에 알맞은 답을 적어 보세요.**

1. 제자들은 하나님 나라에서 누가 가장 ☐☐☐ ☐☐ 인지 궁금했어요.
2. 예수님은 ☐☐☐☐ 와 같아야만 하나님 나라에 들어갈 수 있다고 말씀하셨어요.
3. 어린아이와 같이 된다는 것은 ☐☐☐ 을 사랑하며 의지하는 것을 말하는 것이에요.
4. 하나님 나라에서 가장 위대한 사람은 어린아이처럼 자기를 ☐☐☐ ☐☐ 이에요.
5. 자기를 높이며 ☐☐ ☐ 하는 사람은 하나님 나라에 들어갈 수 없어요.

정답 1. 위대한 사람 2. 어린아이 3. 하나님 4. 낮추는 사람 5. 잘난 체

**3 예수님께서 제자들에게 하셨던 말씀을 따라 쓰거나 선생님과 함께 읽어보세요.**

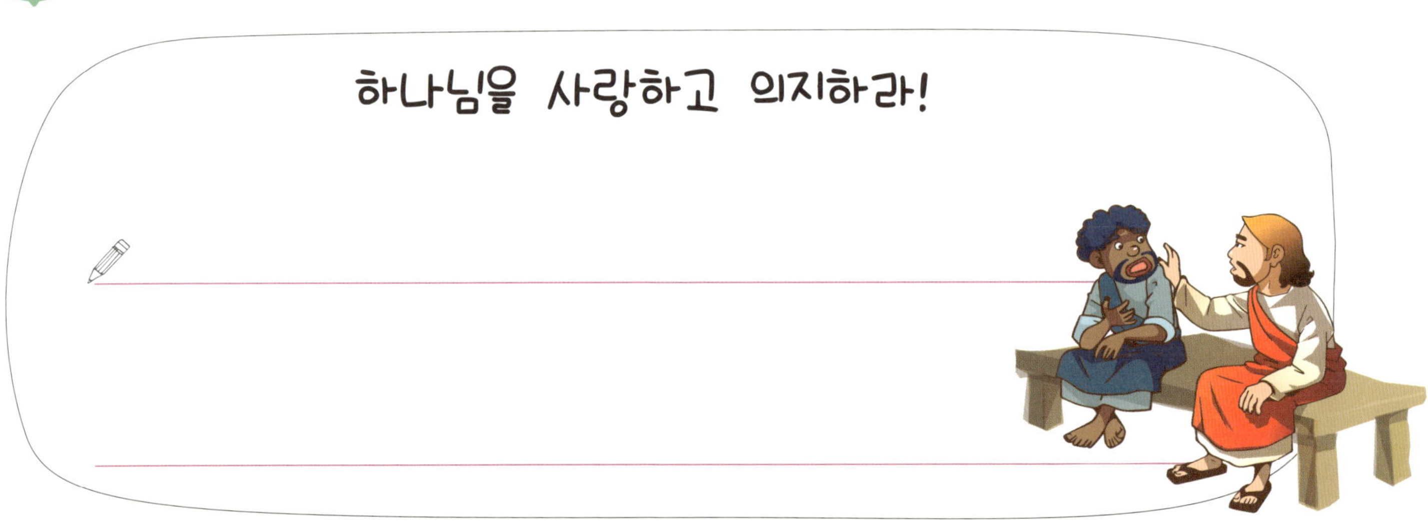

1 왼쪽의 모습과 같은 모양이 있는 그림을 찾아 선을 따라가 찾아보세요.

1. 위대한 사람이 되려면 어떻게 해야 할지를 선생님과 함께 이야기해 보세요.
2. 자기를 낮추는 사람은 어떤 사람인지를 함께 생각해 보세요.

하나님 아버지, 어린아이처럼 자기를 낮추는 겸손한 사람이 되게 해주세요. 예수님의 이름으로 기도드립니다. 아멘.

# 9과 달란트 비유

소 주 제 : 천국과 충성
본문말씀 : 마태복음 25장 21절 (전체 : 마태복음 25장 14-30절)
중심구절 : 그러자 그의 주인이 대답했다. '잘했다. 착하고 신실한 종아! 네가 작은 일에 충성했으니 이제 더 많은 일을 맡기겠다. 와서 네 주인의 기쁨을 함께 나누자!'

**단어 풀이** **달란트** 옛날에 유대 왕국에서 무게를 잴 때 사용하던 단위 / **행하다** 거짓없이 있는 그대로 해 나가다

점선을 따라 살짝 접은 후 잡아당겨 주세요.

안으로 접는 선

바깥으로 접는 선

자르는 선

## <활동하기!> 달란트를 받은 종들

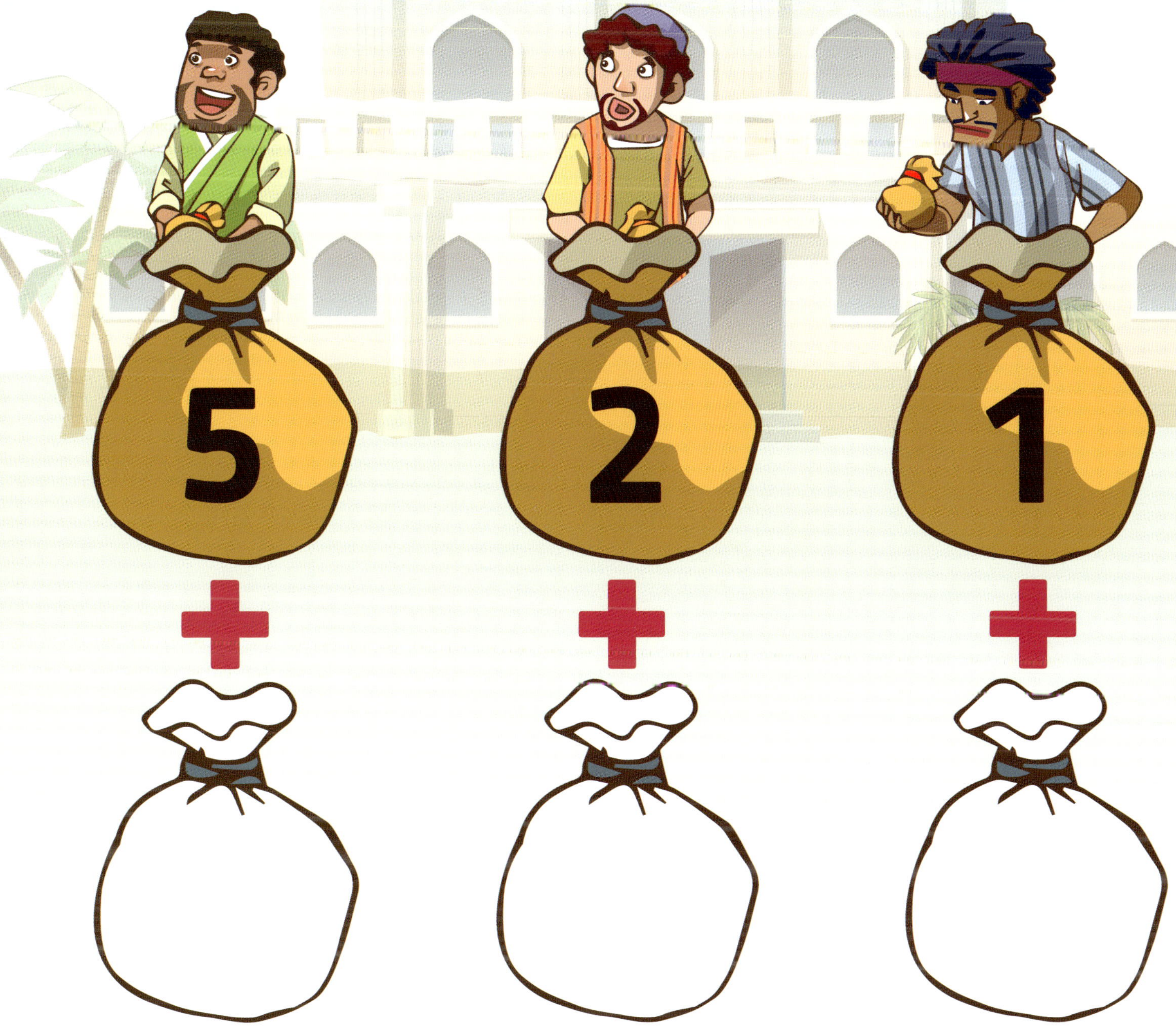

5

2

1

〈만드는 순서〉

1. 먼저 밑바탕의 그림들을 모두 오려주세요.

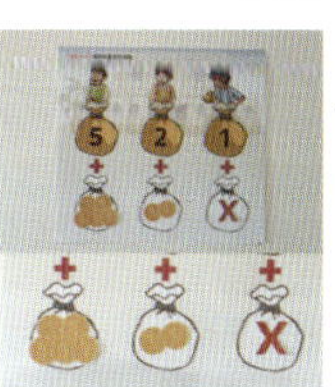

2. 공과 내용을 이야기 하면서 각 빈칸에 맞는 달란트를 붙여줍니다.

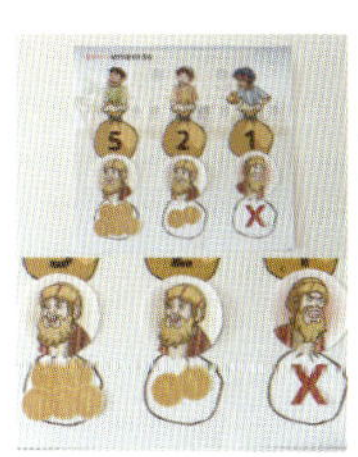

3. 각 달란트를 받은 사람들에게 주인이 어떻게 했는지를 붙여줍니다.

* 그림을 하나씩 붙이면서 배웠던 말씀을 이야기 형식으로 반복하여 복습합니다.

## 말씀 배우기

**1 각각 달란트를 받은 종들이 주인이 돌아온 후에 어떻게 되었는지 스티커로 붙여보세요.**

## 말씀 다지기

**1 빈칸에 알맞은 답을 적어 보세요.**

1. 어떤 주인이 □□을 불러서 각각 5달란트, 2달란트, 1달란트를 맡기고 여행을 떠났어요.
2. 5달란트와 2달란트를 받았던 두 종은 장사하여 번 돈까지 □□에게 모두 돌려주었어요.
3. 주인은 화를 내며 □□□□만 가져온 종을 꾸짖었어요.
4. 하나님 나라의 주인은 □□□이세요.
5. 주인이신 하나님 뜻대로 행하는 사람이 □□□ □□에 들어가요.

정답 1. 종들 2. 주인 3. 1달란트 4. 하나님 5. 하나님 나라

## 말씀 따르기

1. 하나님 나라의 주인은 누구인지를 선생님과 함께 이야기해 보세요.
2. 하나님께 칭찬 받는 사람은 어떤 사람인지를 함께 생각해 보세요.

## 기도하기

하나님 아버지, 하나님께 칭찬받는 하나님의 충성된 일꾼이 되게 해주세요. 예수님의 이름으로 기도드립니다. 아멘.

# 10과 하나님 나라의 시작은 언제일까

**소 주 제 :** 천국과 예수님

**본문말씀 :** 누가복음 17장 21절 (전체 : 누가복음 17장 20, 21절)

**중심구절 :** 또한 '보라. 여기에 있다', '보라. 저기에 있다' 하고 말할 수도 없다. 하나님 나라는 너희 안에 있기 때문이다.

**단어 풀이** **바리새인** 모세의 율법을 잘 알았고 형식을 중요하게 여겼던 유대 종교인

1 질문하는 바리새인들과 대답하시는 예수님을 스티커로 붙여보세요.

2 아래 글을 따라 쓰고 큰 소리로 읽어보세요.

내 마음에 예수님이 계시니

가

내 안에서
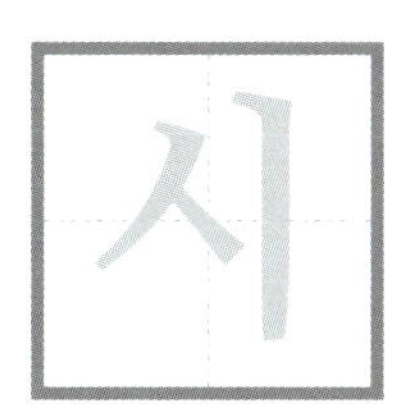

되었어요.

## 1 "하나님 나라는 너희 안에 있다."라고 누가 말씀하셨는지 O표 해보세요.

예수님 어린아이 마귀

## 2 빈칸에 알맞은 답을 적어 보세요.

1. ☐☐☐☐ 들이 예수님께 하나님 나라가 언제 시작될 것인지 물어봤어요.
2. 예수님은 ☐☐☐ ☐☐ 는 눈에 보이는 것이 아니라고 말씀하셨어요.
3. 바리새인들은 하나님 나라가 어디에서 ☐☐ 되는지도 궁금했어요.
4. 하나님 나라는 ☐☐☐ 이 이 땅에 오시면서 이미 시작됐어요.
5. 예수님을 믿고 예수님을 내 ☐☐ 에 모시면 내 안에 하나님 나라가 이미 시작된 거예요.

정답 1. 바리새인 2. 하나님 나라 3. 시작 4. 예수님 5. 마음

## 3 아래의 말을 따라 쓰거나 선생님과 함께 읽어보세요.

예수님이 계신 곳이 하나님 나라에요!

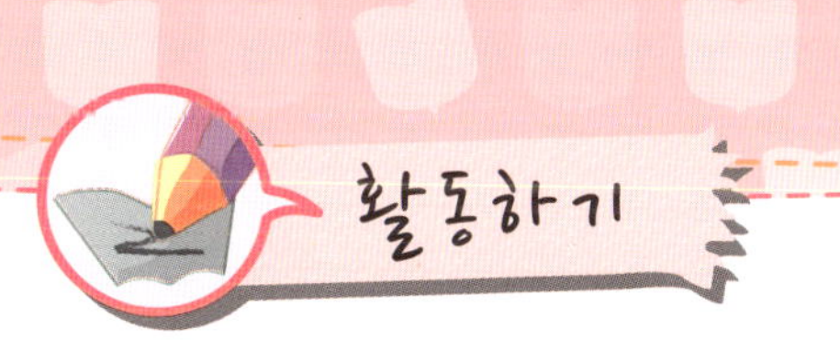


1 예수님과 바리새인들이 만나서 대화하고 있는 모습 3개를 그림 속에서 찾아 O표 해보세요.

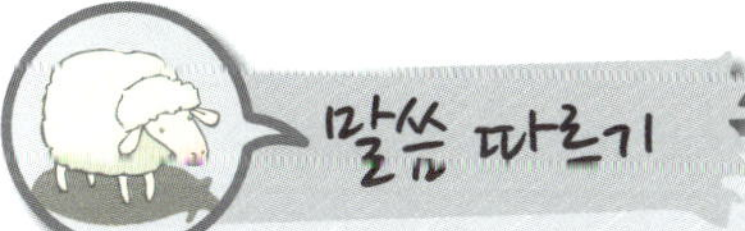


1. '내 안에 하나님 나라가 이미 시작되었다.' 라는 뜻이 무엇인지 선생님과 함께 이야기 해 보세요.
2. 내 마음에 하나님 나라가 시작되었는지를 함께 이야기해 보세요.

하나님 아버지, 예수님을 나의 구원자로 믿고 내 안에 하나님 나라가 이루어지게 하심을 감사드립니다. 예수님의 이름으로 기도드립니다. 아멘.

# 11과 하나님 나라를 전한 바울

소 주 제 : 천국과 전도

본문말씀 : 사도행전 28장 31절 (전체 : 사도행전 28장 23-31절)

중심구절 : 어떠한 방해도 받지 않고 담대하게 하나님 나라를 선포하고 주 예수 그리스도에 관한 것을 가르쳤습니다.

❶ 바울은 부활하신 예수님을 만난 후로 하나님의 사람으로 새롭게 변화되었어요.

❷ 바울은 많은 사람에게 온종일 하나님 나라에 대하여 설명했어요.

❸ 그리고 바울은 모세의 율법과 선지자들의 글을 통해 사람들에게 예수님을 믿게 하려고 애썼어요.

옛날에 모세와 선지자들도 예수님을 믿어야만 한다고 했어요!

모세와 선지자들이 예수님에 대해 말했다고?

❹ 어떤 사람들은 바울의 말을 믿었어요. 그러나 어떤 사람들은 믿지 않았어요.

❺ 그래도 바울은 실망하지 않고 자기를 찾아오는 모든 사람을 반갑게 맞이했어요. 그리고 그들에게 하나님 나라를 전하고 예수 그리스도에 대하여 담대하게 가르쳤어요.

예수 그리스도는 하나님 나라의 왕이십니다!

하나님 나라 이야기를 들으러 갑시다!

❻ 옛날에 모세와 선지자들은 이미 예수님에 대하여 말했어요. 그리고 예수님을 믿어야만 하나님 나라에 들어갈 수 있다는 것을 바울은 알고 있었어요.

**단어 풀이** **담대함** 씩씩하고 겁 없이 용감한 것, 두려워하지 않고 씩씩한 것

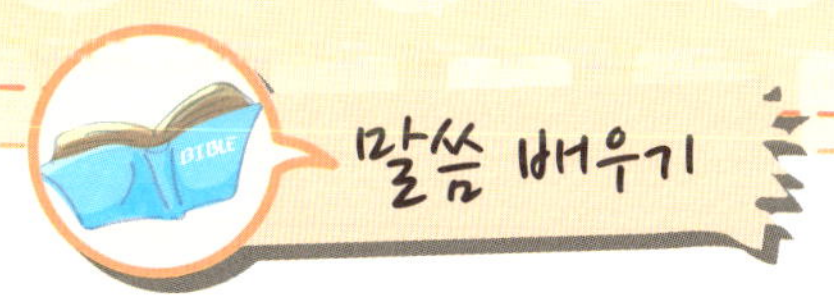


1 사람들에게 하나님 나라를 전하고 예수님에 대하여 담대하게 가르치는 바울을 스티커로 붙여보세요.

2 예수님을 전하며 예수님을 믿어야 하나님 나라에 간다고 전한 사람들 모두를 ○표 해 보세요.

모세와 선지자

거짓선지자들

바울

## 1 부활하신 예수님을 만난 후에 하나님 나라를 전한 사람은 누구인지 O표 해보세요.

강도 바울 환자

## 2 빈칸에 알맞은 답을 적어 보세요.

1. 바울은 ☐☐하신 예수님을 만난 후 하나님의 사람으로 새롭게 변했어요.
2. 바울은 많은 사람들에게 ☐☐☐ ☐☐에 대하여 설명했어요.
3. 옛날에 ☐☐와 ☐☐☐☐도 이미 예수님에 대하여 사람들에게 알렸어요.
4. ☐☐은 하나님 나라와 예수 그리스도에 대하여 담대하게 가르쳤어요.
5. ☐☐☐을 믿어야만 하나님 나라에 들어갈 수 있다는 것을 바울은 믿었어요.

정답 1. 부활 2. 하나님 나라 3. 모세, 선지자들 4. 바울 5. 예수님

## 3 아래의 말을 따라 쓰거나 선생님과 함께 읽어보세요.

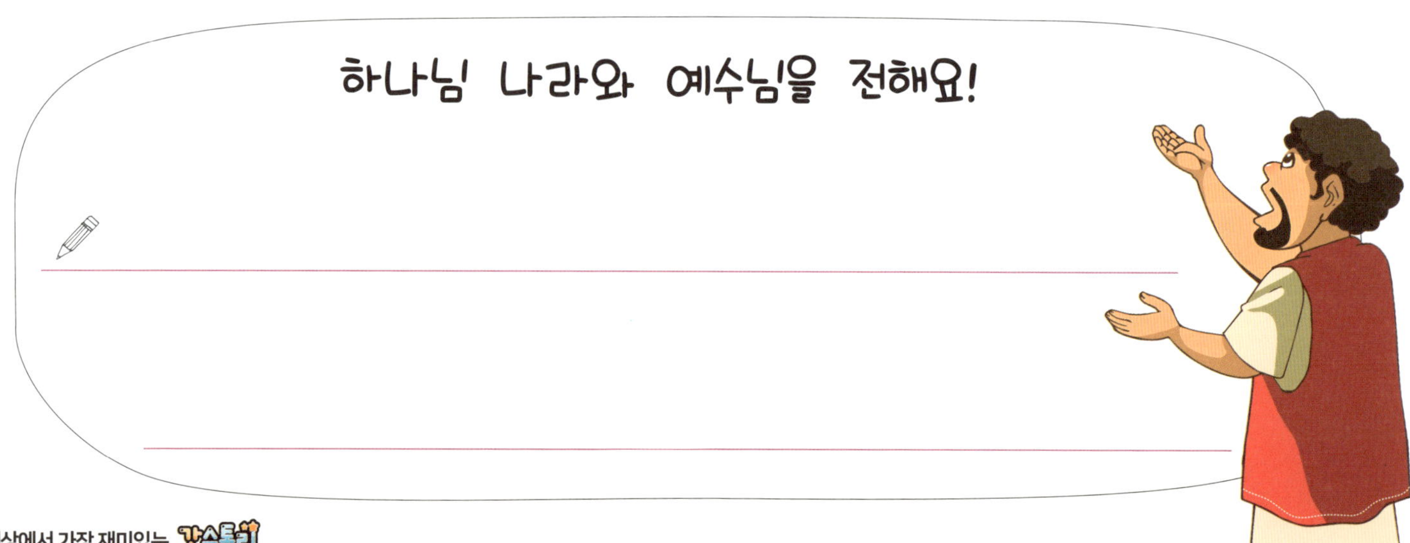

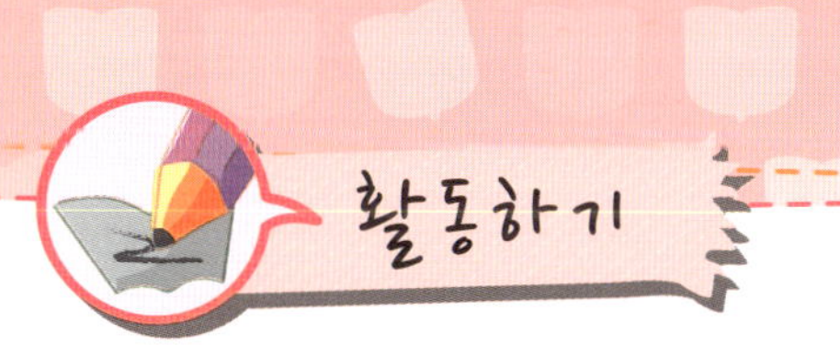


1 하나님 나라에 대해서 사람들에게 열심히 전하는 바울을 색칠하고 글을 따라 써 보세요.

예수님 믿으세요!

## 말씀 따르기

1. 바울은 어떻게 하나님 나라와 예수님에 대하여 담대하게 전할 수 있었는지를 선생님과 함께 이야기해 보세요.
2. 누구에게 '하나님 나라와 예수님'을 전해야 할지를 함께 생각해 보세요.

## 기도하기

하나님 아버지, 저도 바울처럼 '하나님 나라와 예수님'을 사람들에게 담대하게 전할 수 있게 해주세요. 예수님의 이름으로 기도드립니다. 아멘.

# 12과 끝까지 믿음을 지켜요!

소 주 제 : 천국과 고난
본문말씀 : 데살로니가후서 1장 5절 (전체 : 데살로니가후서 1장 1-12절)
중심구절 : 이것은 여러분을 하나님 나라에 합당한 사람들이 되게 하시려는 하나님의 공의로우신 심판의 표입니다. 그 나라를 위해 여러분도 고난을 받고 있습니다.

**단어 풀이**
백성 하나의 나라 안에서 지배자의 다스림을 받는 사람들 / 성도 예수님을 믿는 하나님의 사람
공의로우심 어느 한쪽에 치우치지 않고 한결같이 올바로 행하는 것 / 합당함 정확하게 들어맞아 모자람이 없는 것

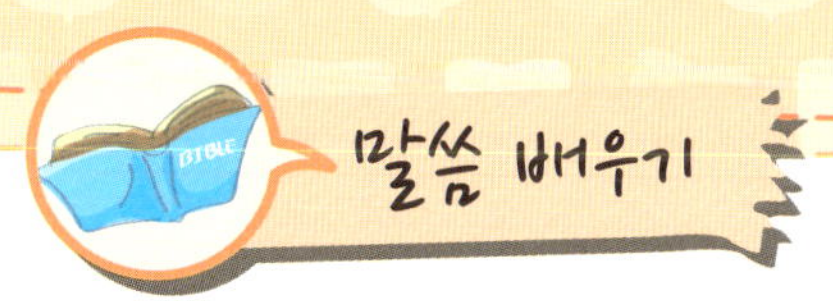


**1** 많은 어려움 속에서 참고 견디며 믿음을 지키는 데살로니가 교인들을 스티커로 붙여주세요.

**2** 내용이 맞은 것에 O표, 알맞지 않은 것에 X표를 해보세요.

데살로니가 교회는   믿는 것 때문에 어려움을 겪었어요.

예수님을 / 우상을

바울은 많은 어려움 속에서도   교인들이 자랑스러웠어요.

열심히 돈을 버는 / 믿음을 지키는

고난 받는 것은   하나님 나라에 들어갈 자격을 주시려는 훈련이에요.

믿음을 지킨 사람에게 / 믿는 사람을 괴롭히는 사람에게

## 1 바울이 데살로니가에 있는 누구를 격려하기 위해서 편지를 보냈는지 O표 해보세요.

어린아이

우상을 섬기는 사람들

믿음을 지키는 교인들

## 2 빈칸에 알맞은 답을 적어 보세요.

1. 바울은 ☐☐ 을 지키는 교인들이 자랑스러웠어요.
2. 바울은 ☐☐ 을 받는 것은 하나님 나라를 위한 것이라고 말했어요.
3. 하나님 나라을 위해 고난을 받는 것은 ☐☐☐ ☐☐ 에 들어가기 위해서에요.
4. 예수님은 믿음을 지킨 ☐☐ 들로부터 영광과 찬양을 받으실 거예요.
5. 항상 하나님 나라의 백성답게 ☐☐☐ 을 따르며 착하게 살아요.

정답 1. 믿음 2. 고난 3. 하나님 나라 4. 성도 5. 예수님

## 3 아래의 글을 따라 쓰거나 선생님과 함께 읽어보세요.

끝까지 믿음을 지켜요!

1 바울이 데살로니가 교회에 쓴 편지의 내용을 따라 쓰고 소리 내어 읽어보세요.

믿음을 잘 지키는
여러분들이 자랑스럽습니다.
우리는 항상 하나님 나라의
백성답게 예수님을 따르며
착하게 살아야 합니다.

1. 어려운 일을 당한 교회 친구를 만나면 어떻게 해야 할지를 선생님과 함께 이야기해 보세요.
2. 하나님 나라에 들어가려면 어떻게 해야 할지를 함께 생각해 보세요.

하나님 아버지, 어떤 어려움이 있어도 예수님을 따르며 착하게 살게 해주세요. 예수님의 이름으로 기도드립니다. 아멘.

# 13과 영원한 하나님 나라

소 주 제 : 천국과 하나님
본문말씀 : 요한계시록 21장 7절 (전체 : 요한계시록 21장 4-11절)
중심구절 : 이기는 사람은 이것들을 상속할 것이며 나는 그의 하나님이 되고 그는 내 아들이 될 것이다.

**단어 풀이**

**공해** 해로운 것에 물들어 더럽게 되어 나쁜 일이 일어나는 것 / **오염** 더럽고 해로운 것으로 변하는 것
**상속** 어떤 것을 뒤이어 물려받는 것

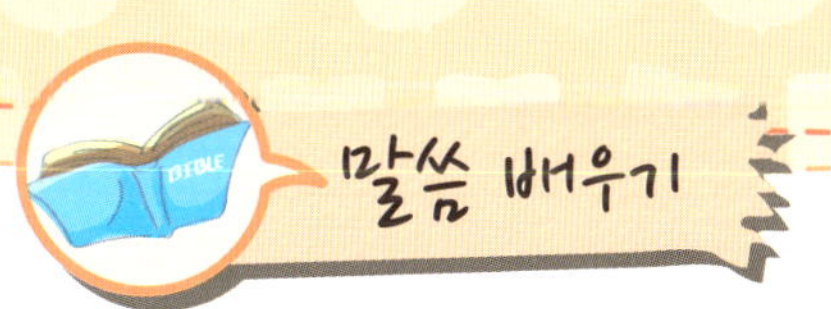


1 죽음도 슬픔도 아픔도 없는 하나님 나라의 모습을 스티커로 붙여보세요.

2 하나님을 믿는 하나님의 자녀들이 영원히 살 곳의 그림을 찾아 연결해 보세요.

하나님의 자녀들은

지옥 불 못에서 영원히 살아요.

하나님 나라에서 영원히 살아요.

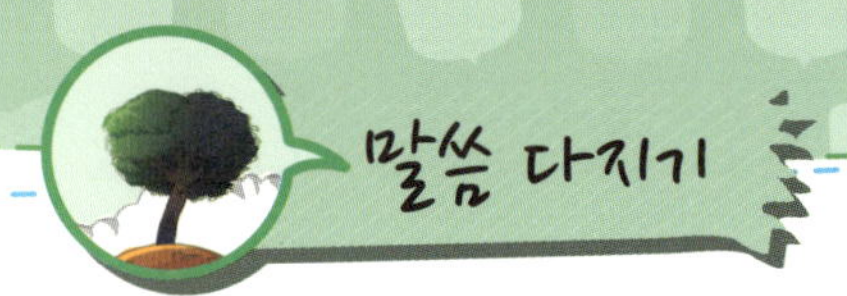


## 1 사도 요한이 말한 하나님의 영광이 가득한 곳은 어디인지 O표 해보세요.

공해가 많은 곳

하나님 나라

지옥불

## 2 빈칸에 알맞은 답을 적어 보세요.

1. □□□ □□에는 죽음도 슬픔도 아픔도 없이 모두가 평화롭게 사는 곳이에요.
2. 하나님 나라는 모든 것이 새롭게 변화되어 영원히 사는 □□□ □이에요.
3. □□□ □□□가 하나님의 자녀가 되어요.
4. 예수님을 믿지 않은 사람과 우상을 섬긴 사람은 □□에 가게 되어요.
5. 하나님 나라는 □□□과 영원히 함께 사는 행복하고 복된 곳이에요.

정답 1. 하나님 나라 2. 행복한 곳 3. 믿음의 승리자 4. 지옥 5. 하나님

### 말씀 따르기

1. 왜 하나님 나라에는 죽음도 슬픔도 아픔도 없는지를 선생님과 함께 이야기를 해보세요.
2. 믿음의 승리자가 되려면 어떻게 해야 할지를 함께 생각해 보세요.

### 기도하기

하나님 아버지, 끝까지 믿음을 지켜서 하나님 나라에 들어갈 수 있게 도와주세요. 예수님의 이름으로 기도드립니다. 아멘.

## <활동하기!> 영원한 하나님 나라

점선을 따라 살짝 접은 후 잡아당겨 주고.

안으로 접는 선

바깥으로 접는 선

자르는 선

점선을 따라 살짝 접은후 잡아당겨 주세요.

안으로 접는 선
바깥으로 접는 선
자르는 선

# 하나님 나라에서 하나님과 영원히 함께 살아요!

〈 만드는 과정 〉

1.  책에서 활동지를 분리하고 그림을 모양대로 모두 오려줍니다.

2.  오려 놓은 배경 그림의 양쪽면을 접는 선을 따라 안쪽으로 접어 세워줍니다. 나머지 글과 그림도 접는 선을 따라 접어줍니다.

3.  풀 또는 양면 테이프를 사용하여 뒷면을 세워붙여 줍니다.

4.  배경 그림에 오려놓은 그림과 문장을 앞면 바닥에 세워 붙입니다.

5.  뒷면에는 하나님 나라와 반대되는 내용의 남은 그림들을 붙여줍니다.

그림을 하나씩 붙이면서 배웠던 말씀을 이야기 형식으로 반복하여 복습합니다.

* 완성된 활동을 통해 다른 친구들과 가족들에게 학생들이 전할 수 있도록 지도해 주시면 좋겠습니다.
* 종이가 두꺼워서 접는 활동이 어려울 수 있습니다. 접는 선을 커터칼 등 부분을 사용하여 선을 그어 주면 좀 더 쉽게 접을 수 있습니다.

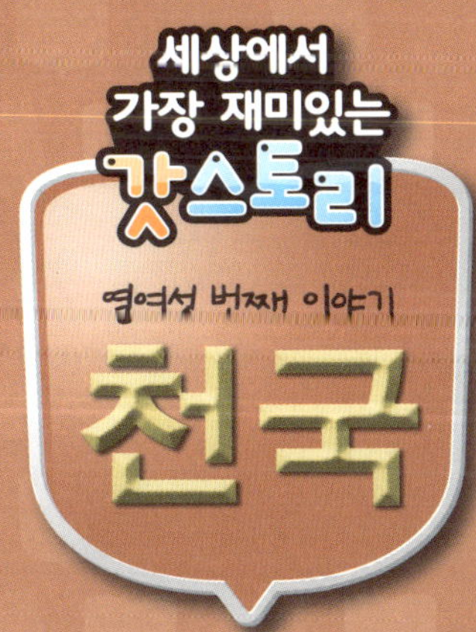


# STICKER 1

예수님과 함께 가는
하나님 나라 이야기!

5p

9p

13p

19p

21p

25p

29p

33p

39p

41p

45p

49p

53p

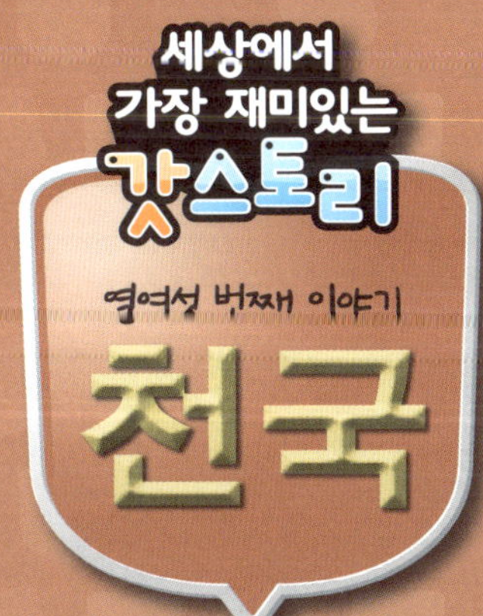


# STICKER 2

예수님과 함께 가는
하나님 나라 이야기!

5p

9p

13p

19p

21p

25p

29p

33p

39p

41p

45p

49p

53p